# 은하수 길

# 은하수 길

이원문 시집

책나무출판사

# 목차

## 1부



## 2부

## 3부



## 4부

# • 1부 •

# 봄 저녁

희뿌연 안개의 아침
점심 나절 양지바르고
우물둥치의 흰 매화
그 시간을 읽는다

뒷문 밖 하수구 따라
돋아난 솔이쟁이
누렁이 소 입맛으로
잡힐듯한 잡풀들

샛대문 밖 시금치
언제 다 자랄까
울타리에 스미는 바람
하루 해 거둬 넘기고

저녁연기에 된장 내음
부엌 문밖 나오나
눈치 보는 누렁이 소
문간의 개 끙끙댄다

# 숙명의 봄

봄날에
그 운명도
내가 만들었고
만든 그 운명 또한
이 팔자에 놓여 있었다

마주 본
눈과 귀
무엇을 눈에 넣고
이 귀에 담았을까
홀로 아닌 인연에 끌리어

들고 쥐고
여기까지 왔다
앞 보다 더 많은 날
그 뒷날에 울어야 하나
회상의 이 마음 꿈이었다

# 그리움의 뜰

적막일까
고요함인가
몇 잎의 난 줄기
음지에서 춥고
꽃 찾는 벌 왔다
그냥 떠난다
다음 그 다음
나비와 함께
찾으려나

아직 꽃 피우기
기다려야 하는 봄
흰 목련 더 활짝
그 무렵이면 필까
오늘 이 그림자
그리움 따라 가면
캄캄한 목련의 밤
별의 밤이 되겠지

# 그 하늘

회고의 어제도
내일의 희망도
모두 잃고 버린 날
옛 하늘에 올리고
산 넘는 구름 위
오늘을 얹는다

혼자만의 길목에
여러 갈래의 길
한 계절 지날때 마다
또 다른 길은 무엇이었나
놓여 바라보면
마음이 흩어지고

길인가 싶어 딛어 보면
그것도 아니었다
누가 나와 함께 가자
손 잡은 이 있었나
철새 울음의 한 계절
길목에 핀 꽃에 꿈 담았고

하루가 저물면
꿈으로 메웠다
저무는 이 세월
무엇으로 메울까
돌아보는 그 시절
내일이 짧아진다

# 아내의 이름

처음의 그 이름
그 이름 어디 갔나
존칭도 함께 묻어간 세월
이제 불러도 어색한 이름
그래도 한번쯤
그 한 번도 부끄럽다

마음이야
그 한 번쯤 못 부르겠나
아이들 어른들
이웃의 그 눈치
누가 불러도 아내의 다른 이름
둘이 있어 불러도 호칭이 숨는다

멀어지는 자기야
그 자기 멀어지나
여기서 더 멀어져
그 세월 다가 오면
그 때는 서로가 무어라 부르지
눈짓 몸짓으로 거짓 짜증이어야 하나

둘 만의 부를 이름
서로가 다 잃고
눈 어둡고 귀 닫히면 어떻게 하나
마음으로 부르고
그 마음으로 읽어야 하나
그러면 이것 저것 거짓 짜증도 떠나겠지

# 보리밭의 고향

앞 뒷산 자락 울긋 불긋
음지의 진달래 더 붉었고
보리밭 멀리 나물 캐는 아이들
끝 없는 아지랑이 가물댔었는데

울 밑의 개나리
기와집 담 지날 때면
하얀 목련 피었었고
흔치 않은 그 하얀 목련

먼 옛날의 봄인가
앞 냇가의 동무들
무엇 찾아 그리 오르는지
진달래의 뒷산 길

그 보다 더 길고 긴
보릿고개도 있었고
진달래꽃 쓸어 안고
하늘 올려 보던 날

산 넘는 그 흰 구름
나 쉬던 곳 지난는지
따라 넘던 옛 그리움
그곳 찾아 나선다

# 고향 길

정든 길 고향 길
흙 없는 타향의 길이
고향 길만이나 할까
삶을 찾는 운명의 길도
닫어 걷던 발걸음의 길도
어머니의 품 같은 고향의 길

돌 뿌리의 신장로에 장터의 뒷산 길
무서웠던 성황당 길은 없었나
이슬 내려 신발 젖고
돋은 풀에 쓸리던 길
논 밭두렁에 지게의 길
하루 한 번 오르내려야 했던
나뭇짐의 산 중턱길도 있었다

힘 들었던 그 산 중턱 길
보릿고개의 그 길을 어찌 잊을까
어머니 따라 장에 갈때
고무신 들고 투정 하던 길
지게의 언덕에 쉬웠던 비탈 길

철 따라 꽃 피고 우는 새 올려 보았던 길
혼잣 말 혼자 짓에 흐르던 흰 구름인가
삶의 그 운명도 함께 흘렀다

# 봄 풍경

잃어버린 그 풍경
잊지 못해 이 봄날
다시 꺼내어 그린다

나물 케는 아이들
냇가의 버드나무
논밭 갈이의 어른들

나는 뭐 했었는지
못 다 그린 그림들
그 그림 다 어디 갔나

소 몰고 들어 오고
들어 오며 보는 집
왜 우리 집은
저녁연기가 안 났었지

담 밑의 개나리꽃
탐스러운 그 진달래
들녘으로 나갈 때쯤

그렇게 예뻤었는데
그림자 길어지니

꽃잎마저 여미어지나
쓸쓸한 저녁 나절
어미소 배고프고

워낭의 어미소
송아지 찾는 소리
송아지 이리 저리
같이 가자 우는 소리

허기의 저녁 나절
하루가 저물었고
봄 노을의 서쪽 하늘
더 붉게 물들었다

# 고향의 하늘

동으로
서쪽으로
남녘의 힌 구름
북으로 향했고
서쪽의 저녁바람
해 떴던 산 넘었다

날마다
보는 하늘
밤이면
찾는 별
끼니에 보는 하늘
맑기만 했었나

서로움
외로움
구름 따라
가던 날
뜨거운 낮이어도
그 밤의 별을 세었다

# 비나이다

나 낳아 길러 주신
우리 어머니
나도 낳아 길러보니
그 은공에 가슴 메워 집니다

바라보는 이 아이
나도 어제
어머니의 아이였지요

내 입에 쓴 것 단 것
어머니도 그러셨나요
아이 보며 바뀐 입맛
어머니 생각에 눈물 납니다

## 내 거울

사람은
좋은 글
좋은 말을 많이 한다

본능의
짐승은
그 글과 말을 할 줄 모른다

그러나
실천은
사람의 몇 곱이 될까

# 미운 그리움

그날 보다
더 아름다운
그리움 남아
흐려진 기억 따라
옛날을 찾는다

오늘이 된
그 먼 훗날의
잊은 기억들
파도가 빼앗은
그 바다였나

둘만의 행복
파도가 휩쓸고
약속의 바위섬
더 멀어진다

# 외로운 봄

먼 옛날의 고향
나 자란 고향에는
진달래꽃 언덕이 있었다
지게 내려놓고 쉬었던
바위 고개도 있었고

바라보는 하늘에
그 흰구름 어디쯤
초가의 뒷문 밖
복숭아꽃도 피었고
보리 벨쯤 노란 살구
살구꽃도 피었다

냇둑 길 건너
나부끼는 보리밭
그 보리밭 기슭에
하얀 찔레꽃
어머니의 그 찔레꽃을
어찌 잊을까

봄마다 찾아 오는
외로움의 봄
외로워 찾은 언덕에
운명의 봄도 있었고

그 마지막 운명의 봄
눈 안에 넣어 모으던 날
보릿고개의 산등성이
그 산등성이를 넘었다

# 해당화의 봄

뱃길 멀리
어머니의 섬
저 작은 섬이
나 자란 섬이었나

찾아가면
나 놀던 곳
그 돌담 길
해당화의 섬이었고

아득히 먼
그 세월의 섬
뱃길 멀리
어머니가 부른다

# 뒷산의 봄

힘들어 쉬었고
외로워 찾았던 곳
봄이면 진달래
산소 옆 할미꽃
먼 훗날의 인생도 놓여 있었고

하루를 달래는
새울음도 있었다
이 생각 저 생각
손톱에 모인 마음
양지가 뜨거워 음지로 비켜 서면

보이는 들녘에
집 울마다 개나리
복숭아 살구꽃
인생을 가르치고
넘어야 할 보릿고개 더 길어졌었다

# 기러기의 봄

잊을 수 없는 그날들
기러기인들 잊을까
마음에 담고
가슴에 넣은 시간
기억의 그 시간
이제  잊어야 하는지

뒤로 하면 그립고
돌아보면 아픈 시간
그 시간의 나
어느 길을 걸어야 했나
찾아온 산 기슭
진달래꽃에게 묻는다

## 노을의 봄

뉘엿뉘엿 뿌연히 바람 차갑고
저무는 저녁 나절
물 차가워 발 시렵다

저무는 하루의 일손
일손만 저물겠나
삽 씻어 둘러메니

보이는 집 더 먼 것 같고
허기에 저녁연기
춥고 배고프다

어머니 뭐 점심이나 드셨는지
불아궁이의 아이들
저녁이나 끓였는지

쌀 항아리 생각에 저무는 저녁
고된 일의 오늘 하루
노을빛에 물든다

# 오빠의 봄

이웃
머슴 오빠는
낮이면 훔쳐보고

밤이면
냇둑에 앉아
하모니카를 불었다

# 파도의 봄

어제의 그날도
외로운 오늘도
파도의 하루는
그리 추워야 하는지

밀려와 찾아도
보이는 이 없고
작년의 흔적에
누가 다녀 갔다 할까

소라의 옛 이야기
부딪쳐 부서지고
해당화의 기다림
그 노을빛에 젖는다

# • 2부 •

# 뜨락의 일기

마루 끝의 뜨락은
양지였는데
초저녁 초승달은
추운 밤이었다

민들레의 뜨락
밤이면 어떻게 하나
초승달 지워져
더 추울 것인데

달 잃어 외로운 별
기다림의 밤이 될까
추운 밤 민들레의
양지녘 그리움일까

구름 들어 오면
모두가 외로운 밤
꽃잎 접은 민들레
초승달 바라본다

# 이슬의 밤

꿈 속의 그 세월
어느덧 저물고
깨어보니 저문 하루
노을빛에 젖는다

그렇게 그 잠깐
스치는 꿈일 것을
나 어디에서 무엇한
그 꿈이었나

다시 돌아가
꾸울 수만 있다면
꽃 한 송이의 그리움
그 꿈이 되어 줄까

지워지는 저 노을
찬 이슬 내리는 밤
초승달 산 넘으면
어느 별 찾아 가나

# 봄꽃

누가 그 꽃을
눈 안의 그 봄꽃
아련히 피어난다

냇둑 길 밭둑으로
집 울뒤 뜨락으로
산자락의 그 진달래
누가 찾을 꽃인가

낙화의 먼 옛날
그 봄날 그 꽃들
가슴에 담은 그꽃
보릿고개에서 찾는다

# 밥풀

골라놓은 밥 한 숟갈
상 위에 올려놓고
이리 저리 둘러보며
붙일 곳을 찾는다

찢어진 창호지 문
흙 떨어진 윗목 벽
천정의 쥐 놀이터
방 바닥 찢어진 곳

그 다음 무엇을
어떻게 붙일까
그믐에 얻은 달력
다시 붙이니

붙여도 떨어진 쪽
찾을 수 없다
우리들 공책에
할머니 담배 봉투

붙일 것 많은 봄날
숨겨놓은 누나의 편지
그 봉투 못 붙이고
나의 입만 붙였다

# 섬마을

여기 이 갯벌은
굴바구니의 하루였고
저기 저 먼 바다는
나의 그 세월이었다

밀물에 썰물
오고간 그 세월
갯벌에 발 담그며
주워 모은 시간인가

껍데기로 남아
돌담 밖에 쌓여 있고
속절없는 파도만이
밀려와 부서진다

# 뱃길

순풍에 찾은 뱃길
날 저물어 바람 분다
어느 섬 찾아 하루를 묵어 갈까
언제 한번 들렀던 섬
아니면 그 다음 섬
두 곳의 정든 길
어느 섬을 찾을까

다른 섬도 있것만
그곳 가도 정들을까
찾으면 반가이 맞아 줄 것인데
그 섬을 찾아야 하나
정든 섬을 찾을까
소금의 두 마음
노을빛에 물든다

# 먼 노을

변한다는 십년이
이렇게 가까울 줄을
멀기만 했던 십년이 아니라
그 몇 곱의 십년은 더 가까웠다
남은 십년이 며칠이 될까
그것도 그 몇곱 그마저 않되겠지
욕심 섞인 그 몇곱의 세월
피는 꽃은 내일이 있고
다가온 십년의 그 다음
또 그 다음도 있다
굽이 굽이 산 넘어 산
그 비탈에 오르막 길
여기가 어디인가
맑은 날에 궂은 날
이 날들에게 가려진
지난날의 그 시간이었나
춤추는 봄버들이
낙엽의 가을을 어떻게 알까
열흘의 낙화에
때 찾아 피는 꽃

오늘도 저문 날
떨어지고 여미고
십년 아닌 몇 곱의 그 다음
그날을 기약 하며
노을에 젖는다

# 보릿고개

산등성이 멀리
보리 나부끼더니
뭉쳐진 구름
석양에 더 하얗다

저 구름 물들면
저녁이 될 것인데
뉘집 저녁연기가
먼저 끊어질 것인가

허기의 산등성이
집 찾는 새 울음
내려오는 비탈길
지게의 짐 더 무겁다

# 흔적의 바다

이 자리의 여기 이 섬
누가 다녀 갔는지
모래성 끝자락 휩쓸려 무너지고
소라 조개 껍데기
파도가 덮는다

시간만이 아는 흔적
그날을 기억 할까
사연의 발자국 흐려져 지워지고
오는 파도 밀려와
다시 돌아간다

# 봄 나물

미나리깡의 미나리
돌뿌뎀이에 돋나물
물김치에 돋나물
미나리가 제격이고
쑥 버무림의 쑥
아직 때 잃지 않았다

들어가는 달래 냉이
이렇게 빠른 시간인가
냇둑 너머 청보리 무릎 차오르면
바람에 이리 저리
얼마나 나부낄까
바지 걷는 아이들 냇가 찾는 날

그 다음 산으로
어느 산을 찾아야 하나
나오는데 나오는 고사리 뜯고
취나물 드릅순 계곳에 굴싸리
더 몇가지 모를 이름의 산나물
내려오며 찔레순도 함께 꺾어 담는다

# 징검다리의 봄

기다림의 징검다리
누가 건너야 할
이 징검다리인가
떠나는 진달래꽃
뒤 따르는 개나리
보리밭 파란히
초승달 부른다

나들이의 병아리
어미 품에 안기는 밤
뒷동산의 소쩍새 울음
누가 딛어 건너 갈까
장독대 위 초승달
지붕 넘어가고
바람 불어와 보리 눕힌다

# 제비꽃 노을

하늘 파란히
흰 구름 산 넘고
따 모은 제비꽃
조심스레 엮는다

제비꽃의 이맘때
몇해 찾은곳인가
적막의 뒷동산
할미꽃 외롭고

찾아도 불러도
없는 이름의 얼굴
엮은 반지에 목걸이
누구의 것이될까

부끄러운 이 마음
구름 위에 얹고
제비꽃의 그리움
허공 멀리 띄운다

# 동무의 노을

달 안의 동무들아
그날들을 잊지 않았겠지
세월이 덮는 시간
그 노을만 더 붉게 물드는구나

남은 것이 뭐 있니
그 노을에 어리는
우리들의 그 시절
다녔던 곳마다의 피는 꽃

이제 그 꽃들만이
우리의 모습은 흐려지는 거니
아니 지워지는 거니
앞 냇가의 물 아직 흐르고 있어

산 넘는 구름도
그때 처럼 흐르고 있고
그때 처럼 그렇게
이제 모두가 옛 노을에 젖는구나

# 어머니의 고향

나에게 빼앗긴
어머니의 고향
산 설고 물 설고
바람불던 날
모두를 두고 고향을 떠났다

섬에서 섬으로
바다에서 육지로
굴 바구니 잃고
파도 되 돌아보던 날
도락구에 실려 그렇게 왔다

외갓집 섬 우리 섬
두 번의 파도소리
마지막은 육지로
그 세월이 옮겼고
갯벌도 그렇게 두고 떠났다

육지의 찔레꽃
바닷가의 해당화

갈매기에 산새소리
누가 걸어 갔나
못 찾은 어머니 별나라로 떠났다

# 초가의 시간

꽃잎 터는 맞바람 벌써 비가 내리네
툇마루 밖 젖은 신 들여놓으니
낙숫물에 온갖 생각 다 모여 고인다
이 생각 저 생각 길고 짧았던 날
웃던 날이 며칠이 될까 그 힘들었던 날
끌고 온 세월인가 하루 해에 묻힌시간인가

줄 지은 낙숫물 방울 되어 떨어지고
튀기니 가슴 철렁 그 세월 부서진다
누가 아는 시간이며 그 세월인가
몇번 피어 지던 꽃에 묻어간 세월일까
눈 못 떼어 바라보니 눈 언저리 뜨겁고
헝크러진 흰 머리 눈 앞을 가린다

# 빗속의 마음

누가 이 길을
끝은 어디인가
누구라도 나와 함께

옷 젖어 몸 춥고
마음 젖어 외롭다
이제 그만 돌아 갈까

접은 우산 펴 드니
옛날이 젖어들고
바람 불어와 다시 접힌다

# 타향의 봄

때 되면 이렇게
나오고 들어가는 것을
봄 처럼 때 되어도
오고 가지 못하는 신세인가
떠날 때 그 굳은 결심
나 여기에서 무엇하나

어려서 더 어려서
뛰어 놀며 다녔던 곳
눈 안의 그 많은 꽃
이 봄 찾아 피었는지
이웃 어른 동무의 얼굴
날마다 흐려지고

뒷산 언덕 보릿고개
오늘도 스쳐간다
무엇을 얻겠다고
그리 찾은 냇둑인가
크고 작은 꽃마다
그 곳에서 아른대고

기와집 그 라일락
이 꽃이 그 꽃인가
노을진 보리밭 바람에 눕고
떠날 때 굳힌 마음 다 어디 갔나
타향에 뜨는 달 안 그리운 동무들
손 주름 세어가며 고향 찾아 나선다

# 라일락

처음의 그 향기
못 잊을 그 향기
담 넘어 풍겨온
처음의 그 향기

쓸어 안아 맡으면
지금도 처음 같고
아쉬워 돌아보면
오늘도 그날 같다

# 계절의 고향

철 따라 그렇게
피는 꽃에 눈 내렸다
뜨거운 날 비 바람도 불었고
추풍 낙엽이라
찬 바람에 움추려든 몸
또 한 세월 시간을 배우나
벗겨진 산 입히고 또 벗겨내고
물도 그렇게 따뜻 했다 차가웠다
물 얼려 하얀 눈으로 덮던 날
화롯불 뒤적이며 다음을 기다렸고
이듬해 벗겨진 산 파란 옷 입으면
철새들 어떻게 알고 그리 날아드는지
꽃인들 안 그렇겠나
제 철이라는 듯 안 피는 곳 없었고
이것이 시간이고 몇번 지나 세월인가
하늘 바라보며 흰 구름 따라 흘러가는 마음
허공의 계절은 바라보는 마음이었고
인생의 계절은 흰 머리에 잡히는 주름이었다

## 봄꽃

이 많은 꽃 이름을
어떻게 다 알수 있을까
평생을 그렇게 날마다 보아도
꽃은 예쁜데 이름을 모른다

누구나 다 아는
몇몇의 꽃 이름들
그 다음 이 작은 꽃은 이름이 무엇일까
알 것 같아 붙이면 그것도 아니고

듣던 이름 붙이니
그 이름도 아니다
붙인 이름 아닌 다르게 부르는 이름들
그럼 내가 붙여 줄까

우리 꽃 우리의 말
지은 이름 부끄럽고
꽃 한 송이 손에 들고 냇둑 길 건노라니
누가 보는 듯 혼자서 부끄럽다

# • 3부 •

# 워낭의 봄

누렁이 소의 힘든 하루
저녁 해 뉘엿뉘엿 서산에 걸치고
입 마게 벗긴 누렁이 소 논에서 나온다
저물고 저문 바람 누렁이 소의 지친 하루
쟁기 벗은 누렁이  워낭의 알림인가
밭 둑의 송아지 어미소 그립고
걱정의 누렁이 소 송아지 찾는다

송아지 안은 누렁이 소
저무는 저녁 바람 홋겹데기에 쓸쓸하다
젖 찾은 송아지 떨어질 줄 모르고
멀리 집집마다 피어오르는 저녁연기
쟁기 없는 이 지게 내일 다시 와야 하나
보리밭 지나 개울 건너 들어서니
마중 나온 검둥개 송아지 쫓아댄다

## 시간의 노을

피던 꽃 그 잠깐
이렇게 짧을 것을
기다린다 기다렸다
몇 번을 보았나

스치는 두서너번
아니면 그 한번
어디에서 무엇 하다
그 한 번도 못 보았고

한 번 본 그것으로
추억의 꽃 돌아보니
돌아본 그 꽃도
시간이 지운다

세월도 그렇게
시간 처럼 지울까
못 지울 꽃이 있다면
어느 꽃이 될까

사월의 끝 자락
파란히 덮혀 가고
옛날만이 아쉬워
못 지운 꽃 그린다

# 낙화의 석양

삼월 끝자락
진달래꽃 지더니
끝자락의 사월
철쭉꽃 떨어진다

함께 떠난
개나리 복숭아
담 넘어온 라일락
라일락은 안 그런가

다가온 오월
어느 꽃이 먼저 필까
이맘때쯤 아이들
냇둑 길 걷겠지

조금 더 있으면
어머니의 꽃
그 하얀 찔레꽃
기슭에서 필 것이고

보릿고개 언덕
앵두 꼬투리 맺으면
그때쯤 누런히
송홧가루 날리겠지

# 어머니의 편지

아이들아
때가 이런거니
몸에 붙은 때 말고
시간의 때말이다

허리가 안 펴져
몸이 말을 안 듣는구나
어느 날부터인가
손에 들고 머리에 인것도
없는데 말이다

세월이 이런거니
시간도 그렇고
고생은 그만두더라도
남은 시간이 얼마나 남았다고

거울 보며 혼자 놀랜 마음
문득 너희들이 생각 나는구나
그때는 몰랐지
오늘을 알았겠니

별도 달도 모르고
그저 하루 해로 덮은 시간인데
그 단봉이 나를 여기에 데려 왔구나
내 아들 딸아 여기가 어디니
송홧가루의 보리밭만 스쳐 가는구나

미안하다 아이들아
내 아들 딸아 미안하다
그 부족 했던 날들 용서 해주렴
에미 한번 용서 하려므나
미안하다

# 산사(山寺)의 밤

시간 젓는 풍경 소리
산사가 밝았는가
법당 뜰 방초잎
그 시간 모으고
천년의 그 시간
구름이 덮는다

밤이면 모두가
이렇게 덮힐 것을
물소리 새소리
언제 멎을까
천년의 밤과 낮
그 시간 찾는다

# 잊혀진 구름

고향 냇가인 듯
하늘 올려 보노라면
그 옛날 간데 없고
옛 구름만 흐른다
저 구름 산 넘으면
다음 구름에 실릴까

들어온 구름 그 다음
다음 구름에도 없고
뜯어 쥔 풀이파리
여기에도 없다
그저 걷는 냇가의 길
쥔 이 풀잎만 시든다

# 민들레 아가씨

너 울보 아니니
너 어릴때 생각나
그렇게 울더니
어디 울기만 했을까
온동네 투정 다 모아 갖고

어쩌다 놀리면
놀린다고 울고
내 손에 먹을 것
그것 안 준다고 울고
회초리 든 너의 엄마 보고는 안 울었을까
울보쟁이 너

나 맞으라고 던진 돌
그 돌이 어디 맞았니
너의 집 항아리나 깨놓고
그래도 어느 때에는 내 말을 잘 들었지

그래서 이 오빠가
민들레꽃 따 주었고

따 주면 싫은 척
빙그레 웃었던 너
몇 송이 더 따 머리에 얹으면
부끄러운 듯 그리 털어 대던지

그 때가 어느 때니
그 봄날 그 때가
이제 수줍어 할 줄도 알고
참 세월도 많이 흘렀구나
네가 벌써 아가씨이니
그래도 지나는 길 인사 하니 고맙구나

# 소라의 별

밤이면 저 아랫 섬
더 멀어질 것인데
등대불 가물가물
얼마나 더 멀어질까

둘이 바라보던
그 섬도 그렇고
가까이 이 약속의 섬
이 섬은 안 그렇겠나

잊어야 했던
소라의 섬
저 먼 섬 모두
영원한 섬이 될까

옛 노을 지워져
소라의 별　아지고
돌아서는 파도 따라
그 약속 함께 간다

# 오월 하늘

파란 하늘의
보릿고개 언덕
그 긴 언덕 바라보며
하늘을 원망 했고
입 하나에 매달려
지는 해를 원망 했다

인생을 배우던 날
뒷산 마루의 먼 하늘
그 하늘이 왜 그리 멀기만 했는지
누런 송홧가루는 앞 산을 가렸고
서산의 긴 그림자 보리밭 가릴 무렵

소쩍새의 서러움이
저 보리밭 찾았나
뒷산 마루의 그 멀던 하늘
그마저 안 보이고
해 떨어져 바람 부니
노을의 보리밭 어둠이 가렸다

# 하얀 언덕

아련히 다가온
오월의 그 하얀날
누구의 슬픔이
저 하늘에 올려질까
늘 찾았던 뒷산 언덕
그 언덕도 하얗고
보리밭 자락의 하얀 찔레꽃
어머니의 꽃도 하얗다
별나라의 어머니
꽃상여 타고 떠나던 날
어머니의 마지막 날
그 상여 뒤 따르며
옥춘 사탕 하나 얻어
입에 넣고 좋아 했던 막내
어머니 오늘도 내려 보고 있겠지요
막내 많이 컸어요
근데 어머니를 모른데요
생각이 안 난다 하네요
상여 떠나던 길 하얀 찔레꽃
그 찔레꽃만 어렴풋이

꺾은 찔레 한 줌만 희미 하고요
어머니 생각이 나는 듯 안 난다 하네요
그후 나와 찾은 뒷산 언덕만
뚜렸이 생각 나고요
허기에 찾은 뒷산 언덕
송깃 벗겨 입에 넣고
먼 하늘 바라보던 언덕
너무 울어 내가 달래기도
많이 달래 주었지요
가슴에 넣은 그 아픈 날
어머니의 그리움도
함께 있었겠지요
아련히 멀기만한
그리움의 하늘
어머니의 빨래터에
그 맑은 물 흐르고
잃어버린 보리밭
그 보리밭 지금쯤
양지부터 영글어가겠지요
밭자락의 하얀 찔레꽃
어머니의 꽃도 필 것이고요

# 어린이

어린이는
어제의 즐거움에
오늘이 즐겁고

오늘의
즐거움에
내일이 즐겁다

즐거워야 할
그 내일
누구의 몫인가

## 오월의 하늘

흐린 마음의 오월
날씨는 맑은데
마음이 흐렸고
날마다 흐린 마음
양지어도 음지였다

그 마음의 구름들
논물에 어린 달
개구리 우는 밤
개구리도 슬펐다
눈물에 어려 흘렀고

길고 긴 보릿고개
송홧가루 언덕
날마다 날마다
앞산에 날리던 날
마음도 눈물도
함께 섞여 날렸다

# 찔레꽃 일기

어머니
저 구름 보셨나요
희생으로 한 세월
어머니는 누구셨나요
어머니라 하는 이름
그 이름 보다 더 깊고 높은
은혜의 이름이 있을 것 같아요
나의 어머니라 하는 이름 보다
더 뉘우침의 이름이 있을 것 같고요

어머니
어머니의 것이 없는 어머니
무엇이 어머니의 것이었나요
입에 넣은 사탕부터 다 내 것이었고
밤 낮도 나에게 빼앗기지 않으셨나요
등잔불에 바느질 낮에는 빨래터로
춥고 더울때 얼마나 고생이 많으셨나요
그래도 뒹굴 뒹굴이 나 하나에 웃으셨지요
얼르고 달래어 눈 마주쳐 주며 웃고요

어머니
어머니의 것
어머니의 몫
누구 하나 거들며 그 힘든 일을 나누었는지요
거미줄 광의 빈 항아리 장독대에 간장 된장
할머니의 몫 고추장 관리까지
우물둥치에 물동이 그 두레박은 아니였나요
손에 든 부지갱이 밥상도 그렇고요
몫 많은 어머니의 일

어머니
몫으로 힘든 시간들
것으로는 그 보다
더 많은 일이 기다리지 않았나요
그 것에 나 하나 이 목숨의 책임도 어머니의 것이였고요
이 목숨 지켜 주느라 얼마나 고생이 많으셨나요
또 하나의 어머니의 것 들로 산으로
때에 들여오는 밥상부터 숟갈까지
너무 많은 어머니의 것 어머니는 그래도 나누지 못하셨지요

어머니
지난 세월이 덮어버린 날
추우면 춥다 더우면 덥다
식구 어느 누구에게 아무말 하지 않고
그저 가슴에 띄우며 바라보던 달 기억 하시겠지요
누구 하나 읽어주지 못한 어머니의 세월
화롯불에 묻어놓고 우리들 걱정 얼마나 하셨나요
그 시간 그 세월 다 어디에 병든 몸에 뭉치고 끌던 어머니
어머니는 그렇게 사람이 그립다 하며 떠나셨지요

어머니~ 어머니~
가엾은 우리 엄마~

# 삶의 노을

연줄에 매달려
돌아보는 그 시간들
내것 처럼 살은 세월
내것이 아니고
모으고 채운 것
그것도 아니더라

여기가 어디일까
밀물 따라 찾은 세상
다시 가야 하는 삶
펴든 손 바라보니
채우고 쥔 것 없고
연줄만 더 멀어지더라

# 어머니의 글

바다가 외면한 어머니의 글
섬에서 섬으로 그 섬에서 육지로
갈매기 울음에 들려 오는 파도 소리
갯벌도 어머니를 가르치지 않았다
못 가본 학교 앞 한글을 모르는 우리 어머니
하루의 시간도 물때 맞춤이 시간이고
밀물에 썰물 뜨고 지는 해에 쯤으로
눈 비에 흐릴 날은 바람으로 가늠 했다

장날에 옷 잘 입고 글 많이 아는 사람들
우리 엄마 가슴에 뭐 그리 대못을 박아대나
그늘진 어머니의 마음 굴 바구니에 담기니
등잔불 밑 바느질에 하루가 짧다
연필 대신 바늘 쥐고 우리들 가르치는 어머니
굴 바구니의 지혜 보다 더 낳은 글이 있나
그 그늘에서 우리들 그렇게 자라났고
어머니의 그 많은 날은 파도에 휩쓸렸다

# 갈매기의 운명

이 넓은 바다
어느 인연이 닿을까
바위섬 찾아 둥지틀던 날
눈 비에 바람 불고
양지 녘도 있었다

밀물에 썰물
민 밀물에 던진 운명
기른 새끼 두고 떠나던 날
그 썰물에 나뉘어
함께 가지 못했다

## 고향 언덕

그려보는 고향 언덕
그리워라 내 고향
오르는 길 이맘때면
찔레꽃도 피었고
건너는 징검다리
물고기도 많었는데

냇가에 맑은 물
찾아드는 철새들
보리밭 위 올려보면
흰 구름 산 넘었고
그 바위에 걸터 앉아
내려 보노라면

이 오월의 들녘
그리 멀리 보이는지
마음 모아 보는 하늘
더 파랬었고
잃어버린 고향
다시 가고 싶어라

# 긴급 재난 지원금

그 시절 돌아보며
우리 모두 일합시다
그때 처럼 그렇게
우리 모두 일합시다

근로자는 기업을
기업은 근로자를
우리 모두 서로 믿고
그때 처럼 일합시다

이웃 일꾼 내보내고
우리 모두 일합시다
그때 처럼 그렇게
우리가 합시다

나라 살림 좀 먹는
불노소득 버리고
나라 위해 후손 위해
우리 모두 일합시다

## 풀벌레의 꿈

네 지나온 풀숲에
무엇이 보이더냐
밤 낮의 하늘에서
무엇을 보았고

남긴 것이 있다면
무엇을 남겼느냐
잃은 것이 있다면
무엇을 잃었고

다 잊고 버려라
버려야 한다
쥔 것도 든 것도
다 버려라

꿈인 줄 모르고
쥐고 든들 무엇하랴
짊어지고 채운 것도
너의 것이 아님을

마지막 그날에
네 것이 있다더냐
그 욕심에 더럽혀진
단몽의 것일진데

# 구름의 슬픔

들어오는 저 구름 어디로 가는지
아이들 모여 아카시아꽃 훑고
보리밭 음지녘 바람불어 춥다
아직은 풋보리 언제 영글을까
뽕나무의 오디 아직 푸르고
벚나무 가지 휘어도 달린 벚 퍼렇다

다음 구름 산 넘으면
그곳에도 그럴까
냇물에 담근 발 아직 시렵고
아카시아꽃 훑는 아이
입에 넣고 또 훑는다
바람아 이제 그만 아이들 춥다

# • 4부 •

# 찔레꽃의 정

고향을 두고 떠나야 할 봄인가
겨우내 근심 걱정 굴뚝 울 뒤에 묻어놓고
손때 묻은 옛날의 것 이것 저것 정리 한다
버릴 것 두고갈 것 들고갈 것 이웃 줄것
그렇게 아껴온 손때 묻은 것인데
무엇을 두고 이 도락구에 싣을까

들어온 도락구에 이것 저것 싣는 마음
울고 웃던 이웃의 정 어떻게 다 싣나
보릿고개에 피던 꽃 가슴에 담고
제일 큰짐 장농떼기 괘짝에 덥던 이불
그 다음 쓰던 연장 두고 올 우물둥치인가
찔레꽃 눈물의 정 석양 빛에 젖는다

# 어머니의 빈손

품앗이의 우리 엄마
오늘은 누구네 집 품앗이일까
호미 들고 나서는 엄마
장독대 둘러보고
혹시라도 비 내릴까
하늘 한 번 올려본다

우물 뚜껑 닫는 엄마
뭐라도 넣을까
그것만 걱정 됐나
동생 때리지 말고
잘 데리고 놀아라 하며
일러두고 또 이르며 집을 나선다

일 끝나고 집에 올때면
옥양목 치마폭에 먹을 것 쌓아오고
어느 때에는 밥 한 그릇 얻어온 엄마
해질녘 엄마 마중의 우리들
엄마만 기다렸나 먹을 것도 기다렸나
그 밥 한 그릇 얻어온 날 저녁은 드셨는지

아련한 그 해 눈물의 오월인가
빈 손의 어머니 보고 울었던 우리들
어머니의 그 마음 어떻게 다 헤아릴까
지금도 혼자만이 꺼내어 보는 그날들
보릿고개 노을의 못 잊을 기억 인가
어머니의 빈 손에 눈물 고인다

# 꽃의 시계

겨울날의 기다림
새봄이 언제 오나
얼어 붙은 돌덩이의 흙
이리 저리 문질러 보고
양지녘에 숨은 새싹
찾아도 보았다

냇가의 징검다리
징검다리의 얼음 속
물 소리는 들리는데
녹아 내리기는 아직 먼 시간
칼바람의 그 겨울 날
그렇게 기다린 봄이었나

나는 그 시간을 기다렸고
꽃은 때를 기다렸다
빠른 것이 때였다면
시간은 그 보다 얼마나 늦을까
밖으로 나온 물 소리에 새싹 돋고 움 트더니
어느새 그 많은 꽃 때에 밀려 낙화 됐다

오디 앵두의 퍼런 열매 벚은 안 그런가
나부끼던 보리 패어 양지녘 볕 쬐고
산과 들의 파란 세상 겨울이 언제였나
앞산 철새 비웃는 듯
밤과 낮의 짧은 시간
때 찾는 꽃들은 그 보다 더 짧았다

# 보릿고개의 밤

저문 해 뉘엿 뉘엿
워낭 소리 가깝고
석양에 노을빛
하루를 지운다

저 노을 지워지면
밤이 될 것인데
오늘은 어느쪽
어느 별을 찾을까

지붕 위 초승달
쓸쓸히 넘는 밤
외로운 밤하늘
찾는 별 멀어진다

## 하늘

모르고 찾아 와
그렇게 가는 세상
오월의 밤과 낮은
무엇을 가르쳤나

내것 같은 세상
그것도 아니고
마음도 그렇게
내 마음 같지 않았다

물에서 배우고
초목에서 얻은 지혜
하늘의 밤과 낮이
자연만 가르쳤나

사람은 가르쳐도
깨닫지 못하니
밤과 낮을 바꿔가며
구름만 띄운다

# 오월의 음지

시렵고 추운 바람
겨울 같았고
흐림의 그 바람
옷 소매로 스몄다

비 오고 바람 불어
추녀 끝에 서있으면
들이치는 빗 줄기
그리 멎지 않는지

마음이 추우면
몸도 추운 것인가
그 고개만큼이나
더 긴 고개가 어디 있겠나

허기에 저녁이면
비 멎어도 추웠고
젖은 옷 살에 붙어
이리 저리 떼었다

아카시아꽃 질 무렵
이맘때의 기억들
갈참나무의 저녁바람
석양에 은빛 되나

앞산 자락 뻭꾹새 울음
언제 가까웠더냐
서산에 해 떨어져
아주 들리지 않았다

# 냇가의 일기

구름 들어와 올려 보는 하늘
오르는 냇가 양지 잃어 춥다
걷은 바지 내릴까
집으로 들어갈까
바람까지 불어
버드나무와 쓸쓸하니
벗겨진 고무신
냇물 따라 뒹구른다

아직 더 잡아야 할 욕심의 미꾸라지
얼마만큼 더 잡아야 저녁이 될까
함께 잡던 아이들
물 밖으로 나오고
보이는 뒷 모습에
함께 따라 가고 싶다
나도 함께 뒤 따라야 하나
걷은 바지 내리니 저녁이 걱정 된다

# 그 양지

그리워 찾았고
외로워 찾아가면
그리움 더 멀리
구름 따라 산 넘었고

남아 있는 그리움
못 잊어 머무르면
먼 훗날 함께 가자
두손 잡아 주었다

그리 떠난 먼 훗날
단 한 번 여기 이곳
찾아와도 되련만
기다림의 오늘도
찾아주지 않았다

# 개미의 길

어디에서 왔는지
어디로 가는지
저리 헤메이며
어디로 가나

걸림 돌 많아
이리 저리 피해는 길
돌 틈으로 풀 숲으로
어디로 가나

물고 가는 큰 먹이
욕심의 큰 먹이
저 벌레 물고
어디로 가나

먹이 물고 가는 곳
길은 알고 있는지
없는 길 헤치며
어디로 가나

노을에 저물어도
저리 가야 하나
어둠의 밤이면
쉴 곳은 있는지

고된 삶 힘든 하루
집 찾아 가는 곳
그곳에 누가 있어
저문 길 헤메이나

# 울 밑의 일기

오디는 검어야 하고
앵두는 빨갛야 한다
검은 오디 빨간 앵두
어느 것이 더 맛있을까

찾는 울 밑 앵두가 기다리고
뽕나무밭 달려가면 오디가 기다린다
달콤한 오디 맛 새콤 달콤 앵두 맛
오디 맛에 앵두 시고 앵두 맛에 오디 달다

순서 있게 먹어야 하나
무엇부터 먹을까
오늘은 울 밑 찾아
앵두나무 휘어 따고

내일은 뽕밭 찾아
달콤의 오디 딸까
날궂이 걱정의 마음
책 보자기에 모아진다

# 유월의 꿈

바람 시원히 저무는 오월
뽕밭의 오디 하루가 다르고
퍼렇던 앵두 벗 붉게 물들인다
지는 꽃 피는 꽃 기다림의 유월
유월은 어느 꽃이 어떻게 수놓을까
그렇게 기다렸던 봄이였었는데

떠나는 오월 찾아 오는 여름 문턱
누가 먼저 두드릴 여름의 문턱일까
먹을 것 많은 달 밤골 밤꽃 수놓으면
그 향기 뽕밭 자락 울타리로 스며들 것이고
모내기의 누렁이 소 어찌 그 향기를 모를까
보리밭 양지 녘 햇살 따갑다

웃음 가득 하나 둘 저 아이들 찾는 뽕밭
한 곱이 넘기는 보릿고개의 즐거움인가
꽃동산의 파란 하늘 초여름 꽃 아름답다
아쉬움에 떠나는 봄 구름 위에 얹어지고
저 춤 띄우는 버드나무 바람에 즐거우니
떠나는 봄 오는 여름 노을빛에 젖어든다

# 고향의 나무

기억의 나무
추억의 나무들
윗 마을 아랫동네
나 올라 놀던 나무
그 나무들 그대로
아직 남아 있는지
그네 매어 띄우며
하늘 높이 올랐었는데

몇 백년의 큰 나무
그 모습이었고
푸닥거리에 신 모셨던
성황당 길 큰 고목
색동 헝겁 둘러
어찌나 무섭던지
바람 불어 펄럭이면
더 무서웠었고

뒷산 마루 구퉁이
용왕님 신의 당집

그 앞 나무에 걸쳐놓은
치마 저고리는 안 그런가
구름 연 걸쳐 있던
앞 냇가의 미루나무
연 걸쳐져 올려보면
그리 높았던지

전설의 느티나무
그 세월이 얼마인가
사 오백년의 그 세월
가운데가 텅비도록
그늘도 넓었고
그 년령에 그 역사
지켜온 느티나무
그 나무의 고향 죽어 용인이다

# 유월의 그늘

아카시아꽃 지우며 떠나는 오월
오월이 떠나면 봄도 함께 떠나야 하는지
기슭의 찔레꽃 잎마름에 떨어지고
봄 그림 하나 둘 뻐꾹새 울음에 묻혀 간다
돋았느니 피었느니 기다렸느니
호미에 바구니 들고 봄바람에 나물 케던 날

추워도 돋고 피어 호미 쥐고 바구니 찾았다
그렇게 묻어 가는 오월 따라 가는 봄
추녀 끝 제비 식구 높이 뜨던 종달새 알고 있었는지
먹이 나르는 어미 제비 가버린 종달이
그 나부끼던 보리밭 누런히 영글어 가고
유월이 덮는 봄 한 시절 그림 된다

# 타향의 그늘

힘들어 보는 하늘
구름 흘러가고
눈치에 쉬자 하니
하루가 더 멀다

넋 나간 고향 생각
이 눈치는 없었는데
눈치 보는 타향살이
묶여진 오전인가

넋에 그린 고향 생각
앞 냇가에 뒷동산
겨울이면 눈 밟으며
그리 좋아 했었는데

잊은 듯 들려 오는
뻐꾹새 뜸북새 울음
이웃 동생 미소까지
아련히 스쳐간다

# 저승의 2020

2019. 12 월이
2020에 넘긴 병
코로나19의 전염병
언제 없어질 것인가

2020의 반 년인데
그저 눌러 앉아 있고
지구촌 여기 저기
안 간곳이 없다

안 떠나는 코로나19
예측이나 했었나
누가 걸리고
누가 안 걸릴까

전염 되면 약 없고
너와 내가 옮는 병
옮았다 끌어 가면
낳아야 오는 병

낳아도 남아 있어
지녀야 하는 병
조금 두고 봐야 한다
집에 갇혀야 하는 병

누구를 만나고
누구를 안 만날까
서로가 눈치 보며
입 막아야 하는 병

걸렸다 의심 하면
따돌림의 전염병
그 죽음의 자리에
누가 찾아 울어 줄까

# 고향의 유월

석양에 저녁 나절
뻐꾹새 울음 산 넘고
들리는 봇물 소리
힘든 하루 접는다

모내기 끝낸 들녘
어제 오늘 짧은 하루
저 모가 언제 자라
이 논을 다 덮을까

보고 또 보는 마음
칠 팔월이 걱정 되고
뜸북이 날아 오면
그쯤에 다 덮힐까

삽 씻어 둘러 메니
저문 들녘 노을 지고
들어서는 논둑 길
워낭의 길 더 멀다

# 늙쟁이

시간의 그림자는
사람에게도 있었다

# 유월의 밤

조용히 찾은 뜰
마음 모아지고
오월 그믐 초승달
차올라 반달 됐다

음력으로 초여드레
며칠 있어 보름 될까
빠르기도 빠른 세월
자고나면 없는 시간

끝 없는 논 밭의 일
한숨은 돌렸는데
누런히 영그는 보리
언제 베어 타작 하나

그러면 그루갈이에
감자 캐고 수수 심고
날마다 우는 뻐꾸기
뽕밭에 마음 간다

벼 포기 덮는 논에
뜸북새 찾아 오면
장마에 불어난 물
논 매기에 더 바쁘고

가뭄이면 밤새워
봇물 돌려야 하는 밤
짚어 보는 내일의 일
하늘의 뜻에 달려 있나

저 달이 꽉 들어차
하룻새에 기울면
이 한달도 기울어
뜨거운 칠월 되겠지

# 유월의 들꽃

오월 떠난 초여름인가
뽕나무밭 검은 오디
아이들 기다리고

냇둑 길의 아이들
뽕나무밭 찾아 뛴다

울타리의 빨간 앵두
앞산 기슭 검은 벚
계집아이들 울타리로
사내놈들 앞산으로

오디 벚 따는 아이들
뻐꾹새 울음은 들었는지
풀숲의 그 꽃들
눈 안에 들어올까

# 구름의 유월

그렇게 들어와 산 넘을 것을
넘는 산 너머 알고나 넘는지
들어 올때 여기 이곳 다 내려 보았겠지
이 오뉴월이 되기까지 무엇을 보았나
넘는 산 너머에 무엇이 있고

네 내려 보았으니 다 보았겠고
높이 떠 흘러가니 묻는 것이 아닌가
그곳 지나면 어디로 가는지
피던 꽃 피는 꽃 모두 보았을 것이고
영그는 보리밭도 내려 보았겠지

그렇게 떠나면 그만인 것을
무엇을 담고 얻어 어디로 가나
이 보리밭 누런히 다 영그는 날
멍석의 밤 은하수 길 따라
다시 찾아주지 않을까

# 은하수 길

초판 1쇄 발행 2023년 8월 14일

**지은이** 이원문

**펴낸이** 임병천
**펴낸곳** 책나무출판사
**출판신고** 2004년 4월 22일 (제318-00034)

**주소** 서울시 영등포구 신길3동 325-70 3F
**전화** 02-338-1228 **팩스** 0505-866-8254
**홈페이지** www.booktree.info


**ISBN** 978-89-6339-715-3 03810